LOS PECES DE OCTUBRE

Álvaro Morales Aguilar

Colección Montaña Mágica

Título original de la obra: LOS PECES DE OCTUBRE
Primera edición: 1997. 3.000 ejemplares
Reimpresión: 2018

© Álvaro Morales Aguilar
© Cooperativa Editorial Magisterio
Diagonal 36 bis # 20-70 (Parkway la
Soledad) PBX: 3383605
Bogotá, D.C., Colombia.
www.magisterio.com.co
info@magisterio.com.co

Dirección General: Alfredo Ayarza Bastidas
Dirección Editorial: Pío Fernando Gaona Pinzón

Ilustraciones internas y de carátula: Oscar Iván Hernández

ISBN Libro: 978-958-20-0314-2

LA EXTRAÑA MUERTE DEL NIÑO FERMÍN PEDRAZA

Porque escrito estaba que aquel niño debía sucumbir por ponzoña de alacrán. ¡Y todo por tu culpa, maldito Fermín Pedraza! Es que siempre te las diste que te metías con todo el mundo al derecho y al revés. Pero el atrevimiento sólo te daba cuando estabas con la cabeza encharcada en alcohol, porque bueno y sano quien te veía decía que eras ni más ni menos que un San José, todo pureza todo candor. Sí, había que ver como eras de seriote y de buenazo, bueno y sano, que parecía que no matabas ni una mosca, pero apenas se te encaramaba el ron en la cabeza era como si te dieran cuerda. ¡Cómo te lucías cuando estabas con tus amigotes de parranda! ¡Cómo eras de avispado y de animoso cuando te reunías con "el burro" López, con "el perro" Pacheco y con "el tigre" Zulmae! ¡Te creías una fiera! ¡Y ellos moviéndote los hilos como a un muñeco! ¡Claro, te azuzaban no más que para carcajearse de ti y de tus ridiculeces! Y lo mejor de todo es que te ponías ni un tití con quienes te criticaban haciéndote ver las cosas por tu bien, y advirtiéndote que por culpa de esas malas amistades un día cualquiera te iba a pasar un vainazo que te dolería para toda la vida. ¡Pero tú como si nada! ¡Por un oído te entraba y por el otro te salía! ¡Definitivamente no hay peor sordo que el que no quiere oír! ¡Que el que se las da! Era apenas de ahí que en ese San Isidro vinieran a sonsacarte esa parranda de borrachos amigos tuyos! ¡Y ni mucho sonsacarte, porque con el ron eres peor que gato con valeriana! ¡Parecías un pavo real cuando venían por ti a la sastrería! ¡A lo mejor pensabas que eras muy importante! ¡Y cómo te engañabas! ¡Venían por el payaso de la cuadra! ¡Sólo por eso! ¡Para alquilarte por ron y pasar un rato agradable! ¡Eso era todo y nada más! Dicen que fue en *El Trique* de Silvestre Castaño, donde estabas con los viciosos de tus compinches, cuando entró aquel señor de edad que nunca habías visto en tu vida y a quien te le acercaste, dándotelas de chacho, a ofrecerle un trago de ron que tú, porque no te lo aceptó, le derramaste en la cabeza. ¡Y lo que más rabia da es que era un pobre anciano, malhaya sea, que con un muchachón ni siquiera arrancas porque te aculillas! Y dicen que tus secuaces reventaron en risotadas, a pesar de que ciertas personas comentaron que eso estaba mal hecho y pusieron mala cara, como era apenas natural. Los testigos afirman que cuando ofendiste así de feo al anciano, dijo unas palabras extrañas que tú, macho pendejo, bravo de pacotilla, ignoraste en un principio, pero que sí oyeron muy bien los que estaban cerquitica. Y cuando uno de ellos regó la bola de que el anciano era nada menos que el señor Wenceslao, el brujo de la Sierra, todo el mundo tuvo la seguridad de que te habías metido en calzones de once varas. ¡Y no se equivocaron porque de ahí en adelante fue nuestra desgracia! ¡Y todo porque tú tenías que meterte con ese desconocido no más que para dártelas de célebre, de payaso! ¡Y es para que te fijes bien, fanfarrón inmundo, lo que se gana uno con tocarle la cola al perro que no conoce! ¡Y verdad es que todo lo bueno y todo lo malo que uno hace en esta vida condenada, aquí en esta vida es donde se paga! ¡Y tuvimos que pagar el mal saldo que ha sido tu arrastrada vida de irrespetuoso y de imprudente! ¡Maldito seas por eso Fermín Pedraza! ¡Jamás me cansaré de maldecirte porque por tu culpa el brujo nos echó el maleficio! Los que estaban al pie de la puerta lo oyeron decir esa mañana, tragándose el coraje por tus ultrajes, "el que ríe de último ríe mejor, y cuida lo que más quieres de la ponzoña". Dicen que eso fue lo que murmuró por debajo de cuerda para que sólo lo oyeran los que estaban a su lado, convencido de que todo el mundo se enteraría de lo que dijo. ¡Y pensar que había sido en Fermincito, en mi hijo del alma, en quien había puesto los ojos para su venganza! ¡Quién iba a imaginarlo! ¡Y todo por tu culpa, malditísimo Fermín Pedraza! ¡Malditísimo para toda tu vida y toda tu muerte que ojalá no se demore! Fue la señora Brígida quien nos aclaró el misterio esa tarde que nos leyó el asiento del café viendo el animal ponzoñoso en el fondo de la taza y advirtiéndonos que mi Fermincito, mi tesoro, moriría picado de alacrán. ¡Y no más que por tu culpa, maldito Fermín Pedraza!

¡Y yo no sé por qué tenía que ser él y no tú! ¿Por qué él? ¡Lo único que era mío en este mundo! ¡Porque tuyos sólo el ron y tus puercos amigotes! ¡Todavía no sé por qué no me fui con mi muchachito para donde mi madre con tanto que me dijo que me largara de tu lado! Qué no hicimos para sacudirle de encima la desgracia a mi Fermincito, a mi pedazo de entrañas. Y todo fue como echar agua en tinaja rota: que rezos, que agua bendita, que responsos, que uno y otro brujo. ¡Y nada! ¡Ninguno quería meterse en problemas con el brujo de la Sierra, el más poderoso de la región! Sólo nos quedó cuidarlo a toda hora y en todas partes: que tape bien las rendijas, que mire y remire las sábanas, las fundas, los sobrecamas, las cajas, los rincones, la ropa limpia, la sucia, los zapatos, las medias, el colchón y hasta el techo y no sé que más. En fin, fue un infierno noche y día. ¡En cualquier parte y en cualquier momento podía morir mi muchachito! ¡Y oye bien, maldito de los demonios, hijo de mala madre, que digo mi muchachito! ¡Mi muchachito, vuelvo y te repito! ¡Porque tuyos, eso sí, el ron y esos asquerosos borrachos de barriada amigos tuyos! ¡Verdad es, maldito Fermín Pedraza de mis odios, que la mala hora nunca falta! ¡Y la maldición de un brujo es una garrapata pegada a uno dondequiera! ¡Cierto es que el destino se cumple porque se cumple, por encima de la cabeza de todo el mundo! ¡Y fue mi hijo quien pagó con su vida por tus culpas! ¡Ojalá y nunca te dé descanso el remordimiento, si es que tu alma no se te quedó en el vientre de tu madre! Yo hice lo que debía: venirme a vivir con mi madre, sólo que ya muy tarde. ¡Seguir contigo me daba asco! ¡De ti sólo patadas y golpes, que mi vientre se resecó y ya nunca pude parir más porque me lo habías estropeado! ¡Y encima el dolor más grande de mi vida! ¡En pago sólo deseo para ti que en la soledad sufras el infierno que he vivido por tu culpa! ¡Y eso te lo deseo a condición de que tu madre te haya parido completo! ¡Fermincito de mis entrañas, hijo mío, cómo me duele recordar!

Hoy, sin que el dolor se me haya desenroscado del alma un solo instante, estoy segura de que mi pena empezó el día en que mi hijo hizo amistad con el de aquel hombre que llegó al pueblo a cazar animales de monte para vendérselos a ese gringo. Recuerdo que una tarde cualquiera aquel niño trajo un libro de animales para mostrárselo a mi Fermincito, encerrándose en el cuarto con cerrojo para que nadie los molestara. ¡Qué iba a imaginar siquiera que aquella tarde sería la más negra y triste de mi vida! ¡Imposible pensar que la muerte se había colado con trampas en mi casa y estaba allí encerrada en el cuarto con mi hijo y asegurada con cerrojo! Y yo tan despreocupada tejiendo cuando de pronto un grito se me enterró en el alma como un puñal de hielo, y pálida de terror y sin saber cómo tumbé la puerta a estrujones y empellones en medio de gritos y lágrimas, y cuando entré vi a mi hijo tirado en el suelo mientras el otro niño gritaba como un loco ¡el alacrán! ¡el alacrán!, señalando el libro desparramado en el piso. ¡Fue como si me hubieran hecho el alma picadillo! Después anduve como atontada, como ida de este mundo. Es que todo había sido tan cruel y verdadero que no había forma de negarlo. ¡Imposible negarlo! ¡Imposible!, si el amigo de mi hijo contó que cuando hojeaban el libro, dizque mi muchachito, mi Fermincito del alma, lo afanó para que le mostrara un alacrán, desentendiéndose de los otros animales y poniéndose muy nervioso y tembloroso al contemplarlo, pero portándose como si alguien lo obligara a acercar su mano a la figura, que, en el momento en que mi hijo la tocó, se volvió de verdad, picándolo dos veces, y tumbándolo como si lo hubiera atacado un rayo, mientras su compañerito se desgañitaba aterrorizado sin hacer ningún intento de abrir la puerta para llamarme o dejarme entrar. ¡Qué tarde tan horrible! ¡Qué infelicidad para mi vida! ¡Y lo peor de todo es que tenía que aceptar el destino, porque ahí estaba mi hijo muerto con los dos puntos negros de la ponzoña en su mano derecha y porque en el libro faltaba el alacrán!

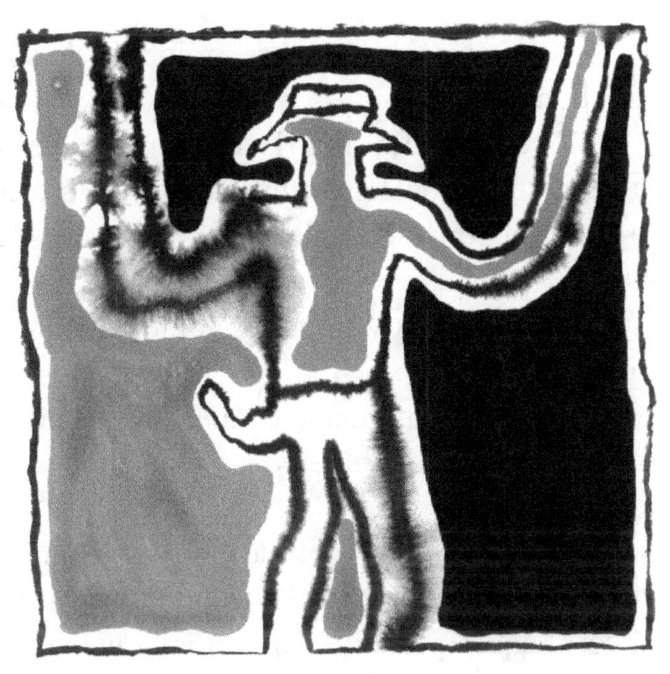

EL HOMBRE
QUE NO ERA HOMBRE

1

Grueso, grande y negro, tan negro que parecía turquí. Se gastaba un vozarrón de tempestad y no era sino que se bebiera unos buchados de Ron Caña para que le cayera el sonsonete huracanado:

—¡Yo soy muy hombre, nojoda! ¡Yo soy muy hombre!

Y como nadie se arriscaba a responder a su reto, se iba de la cantina vociferando a lo largo y ancho de la calle con su garganta de trueno:

—¡Yo soy muy hombre, nojoda! ¡Yo soy muy hombre!

Y se arremangaba la camisa, cuya tela se estrechaba en los bíceps, amenazando con rajarse.

Pescador las menos de las veces, en el verano; las más: vaquero, ordeñador, corralero, bracero, equipajero. En fin: un buey luchando para no dejarse de la vida. Y a pesar de ser hombre manso, bueno y sano, no era sino que se escurriera unos pretinazos gañote abajo para que se alebrestara y se pusiera a vocear:

—¡Yo soy muy hombre, nojoda! ¡Yo soy muy hombre!

Y se arremangaba la camisa cuya tela... Y se revolcaba en la calle, abandonando la cantina, disparándose hacia arriba con elasticidad asombrosa, como un gigante de caucho, como un volatinero, como hecho de resortes. Y después de cada pirueta, boqueaba hazañoso a lo largo y ancho de la calle:

—¡Yo soy muy hombre, nojoda! ¡Yo soy muy hombre!

Sin que haya que decir que le temían, no tanto por sus trazas de búfalo: fornido, compacto, como por lo mortal que resultaba, especialmente "con la pata", como decían, desde cuando espretinó la puerta de la cantina de Chocorito Bastidas, la vez que éste quiso cobrarle una botella de más.

Y había que verlo pavonearse retador, en la cantina, cuando se embuchaba de Ron Caña como un tonel de dividivi que espantaba con su gargantona:

—¡Yo soy hombre, nojoda! ¡Yo soy muy hombre!

Lo mismo que cuando sin hallar quién le aceptara el reto se largaba calle abajo, revolcándose y saltando como si fuera de caucho, como un volatinero, lanzando patadas voladoras por encima de su cabeza, a las cuales le temían desde cuando espretinó la puerta de la cantina de...

2

Flaco, endeble, tanto que parecía una hebra de hilo con ropa, y feo, que le decían "carcable" por pura ironía, por Clark Gable, tenía una gracia exquisita para referir cuentos e historias. Desde algún tiempo venía meditando la mejor forma de frentear al negro Pitalúa para rebajarle lo bocón, cerrero y atrabiliario, porque ya él, como muchos en el pueblo, estaban aburridos con la algarabía del buscapleitos en las cantinas y a lo largo y ancho de la calle.

Y un día Nicanor Pérez Cogollo esperó al negro Pitalúa en la cantina de Chocorito Bastidas, acompañado de sus amigos inseparables La Boa y Jesús Maluco, se ubicó en la mesa del rincón, mirando hacia la calle. Al rato, llegó el negro Pitalúa y pidió una botella de Caña para bebérsela a buchados al pie del mostrador. Desde su mesa, Nicanor Pérez Cogollo lo observaba burlón, con una mirada brillante de picardía, mientras el resto de parranderos se mantenían encogidos, a la expectativa de lo que pudiera ocurrir. Y esta vez, después que el negro Pitalúa estalló con aquello de que

—¡Yo soy muy hombre, nojoda! ¡Yo soy muy hombre!

Nicanor Pérez Cogollo, alias "carcable", como le decían por pura ironía, por decirle Clark Gable, porque era feo, se dirigió al hombre con una sonrisa burlona en la comisura de los labios y una mirada brillante de picardía:

—¡Oiga, amigo Pita!

Y girando sobre sí mismo, como picado de avispas, el negro Pitalúa explotó:

—¡Señor Pitalúa, nojoda! ¡A mí me respeta!

—Está bien, señor Pitalúa, condescendió Nicanor.

El negro Pitalúa detalló a Nicanor Pérez Cogollo y gritó sarcástico:

—¡De modo que al fin hay un hombre en este pueblo de pollerones! ¿Serás capaz, nojoda, de salir a la calle conmigo para hacerte picadillo?

Y, ante el suspenso medio en serio y medio en broma de la gente, Nicanor Pérez Cogollo respondió:

—Hombre, señor Pitalúa, cómo se le ocurre, si a la vista está que usted me desbarata con un dedo... Vea, yo sólo quiero hacerle unas pregunticas, si me deja, claro está...

Revolviéndose como una animal enjaulado, el negro Pitalúa reventó:

—¡Déjese de ser tan chacarón! ¡Los hombres machos no hablan, pelean!

Sin hacer caso de la negativa del negro Pitalúa, y aprovechando la curiosidad que había ocasionado entre los parroquianos, Nicanor Pérez Cogollo continuó:

—Oiga, señor Pitalúa, ¿usted ha hecho una mesa alguna vez?

—¡Yo no soy carpintero, nojoda! ¡Yo soy muy hombre!, respondió, obligado por la expectativa de los parranderos, por los imperativos de la dignidad, para que no dijeran después que... Y por esas mismas urgencias siguió respondiendo a Nicanor Pérez Cogollo, quien insistió machacón:

—¿Usted ha hecho alguna vez un par de zapatos?

—¡Yo no soy zapatero, nojoda! ¡Yo soy muy hombre!

—¿O acaso ha hecho usted una aguja alguna vez?

—¡¿Acaso tengo cara de agujero, nojoda?! ¡Yo soy muy hombre!

Entonces Nicanor Pérez Cogollo, alias "carcable", como le decían porque era feo, por decirle Clark Gable, remató con una sonrisa burlona en la comisura de los labios y una mirada brillante de picardía:

—Señor Pitalúa, me va a perdonar, pero vea: una mesa la hace un hombre, un par de zapatos los hace un hombre y una aguja también la hace un hombre, y si usted no ha hecho nunca ni una mesa, ni un par de zapatos y ni una aguja, entonces usted no es un hombre.

Acabó de hablar Nicanor Pérez Cogollo y se hizo un silencio tenso y frágil como una espada de cristal. Desde su mesa, Nicanor Pérez y la Boa y Jesús Maluco, sus dos amigos inseparables, contemplaban burlonamente al negro Pitalúa, quien permanecía parado en el centro de la sala con un pie adelante y los puños apretados. Muchos clientes, temerosos de que la cantina se rompiera en mil pedazos, casi que esperaban con resignación el estropicio. Otros, aparentemente tranquilos, daban la impresión de estar a punto de salir despavoridos al menor indicio de trifulca. Chocorito Bastidas, amparado detrás del mostrador, esperaba la quebrazón de vasos, mesas, sillas, botellas y vitrinas que se produciría de un momento a otro.

Pero el negro Pitalúa se fue aflojando lentamente, desató los puños, apartó los ojos de Nicanor Pérez Cogollo, dio media vuelta, se empinó el último buchado de Ron Caña, pagó, tiró el escupitazo, abandonó la cantina y se escuchó un resuello de felicidad que llenó la sala.

Cuentan que el negro Pitalúa jamás volvió a tirar hombría ni aún con el corazón nadando en ron. También cuentan que la gente tampoco se preocupó por avergonzarlo ni ofenderlo por aquel episodio en la cantina de Chocorito Bastidas entre él y Nicanor Pérez Cogollo, alias "carcable", como le decían irónicamente por decirle Clark Gable, porque era feo...

LA PRESTAMISTA

Una y sólo una, Atanasio Atencio. ¡Sólo una! ¿Te da vaina?

Es berraco ponerle concha de tortuga a la vergüenza y al amor propio para pelarle la cara, así porque sí, a Rumilda Farfán, la única que puede darle de comer a tu necesidad. Créeme que me apena, pero no hay sino una salida: esta línea recta y agobiante como una espada.

¿Que dónde es? En *Rincón Guapo*, Atencio, en una casa de techo de zinc, dos palmeras al frente y puertas de roble astilladas a machetazos de sol. ¿Que cómo haces? Muy simple: armas camino, arrimas, dices aquí vengo de parte de Juancho Pérez y ten la seguridad de que la vieja te abrirá hasta las piernas.

Y aquí estoy frente a esta maldita puerta, amarrado por el terror y la indecisión, que ni siquiera soy capaz de despegar las manos de los bolsillos. ¡Vamos, Atencio, anda, no hay tiempo que perder! Vale menos una deuda, por más afrentosa que sea, que servir de cabalgadura al remordimiento de por vida. Miro a todas partes y hasta no estar seguro de mi anonimato, no me atrevo. Toco, bueno si es tocar este rasguñito que hago, y me arden los nudillos exangues como barriga de sapo. Espero, y me queda tiempo para pensar que mi camino apenas empieza. Aún falta el de adentro y tiemblo no más al imaginarlo. El chirrido me hace saltar. Es un chirrido que se transforma ante mis ojos en una rendija detrás de la cual me espían dos ojotes cuarteados de venitas rojas. La voz gruesa y cautelosa pregunta quién es y me oigo responder estúpidamente yo, y la voz inquiere quién es yo. Entonces caigo en que hice las cosas torpemente, me enmiendo y digo atropellándome yo soy yo de parte de Juancho Pe... y el monstruo agazapado corta el pescuezo a mis palabras ¡Entre! ¿Te das cuenta, Atencio, de lo importante que son las relaciones humanas? En la vida hay que hacerse amigo de quien pueda servirnos. ¿Estás de acuerdo conmigo? Una sensación de humillante pequeñez me agobia. No ha demorado en abrir, pero por primera vez en mi vida intuyo que un minuto equivale a la eternidad. Lo que dije ha servido de "ábrete sésamo" y cojo fuerzas para entrar. Me frunzo, vacilo, pero al fin me atrevo. A tientas empiezo a caminar el otro retazo de itinerario que aún no he cumplido, que adivino más áspero que el que acabé. Lo presiento repulsivo. Bien, Atencio, aquí estamos ya en la boca del lobo, como dicen, ¡Ánimo, ya pasó lo peor! Lo que viene es mogollo. ¿Ves que la cosa no es tan truculenta como pensabas? Fíjate que ahora lo de más es lo de menos. ¡Adelante, Atencio! La puerta queda atrás. Me hundo en una gelatina de olores agrios de alcanfor y *Silent Nigh*. Tengo la impresión de que esos vapores aletean en el légamo de la sala urgidos de escape. Me invade, entonces, la náusea. Nado en un mar de betún. ¡Vaya! ¡Tonterías, Atencio! Es sólo que la sala está a oscuras. ¡No sea pendejo Atencio! Parece que tienes un batiburrillo en la cabeza y debes tranquilizarte. Te conviene. Mis pupilas se esfuerzan por desgarrar la nata negra que cuelga de mis ojos. A poco, defino el tinajero, las sillas forradas en hule y una mesa, y sigo ahí con las manos zambullidas en los bolsillos de chicle caliente. ¿Acaso pienso que en sus fondos anida mi angustia como una babosa a la cual pretendo estrujarle el gañote sin conseguirlo? Aún no he visto a la mujer. La oigo manipular el cerrojo, largo colmillo para asegurar sus lánguidos secretos. Respira grueso como si inhalara mazamorra. Ahora camina, no puede con ella misma, se acerca, llega, pasa, desplaza un empellón de carrotanque, me remece, me rebasa. Ya está frente a mí, detrás de una especie de escritorio. Me dura la sensación de que en vez de caminar repta. Me provoca lástima su aspecto y eso hace que la lástima por mí sea menor. Con voz gangosa me ofrece asiento después de acomodar con mucho esfuerzo sus nalgas oceánicas en la silla de espaldar y fondo de pajita trenzada. Percibo de pronto el aire de la sala. Es menos caliente que el de afuera y descubro el ventilador zumbando como un moscardón. La boa constrictor entrelaza sus dedos inflados. Veo que la detallas, Atencio, y que no le pierdes mirada. Es una pobre mujer asmática y artrítica y tú la imaginabas una ogra. ¿Qué dices ahora? Respira a bocados. Me pregunta con frialdad cuál es tu problema. Con sonidos apenas audibles empiezo mi hijo tiene tifo, en los ferrocarriles no dan servicio médico a familiares, el sindicato no camina, no hay solidari... y no termino porque me frena en seco ¡Cuánto! Entonces nos separa un desierto de silencio. Repuesto, al cabo del acoso de mis escrúpulos, me atrevo a balbucir mil. Observa, Atencio, que la vieja va al grano sin tanta carajada. ¿Dónde encuentras a nadie como ella dispuesto a servirte de buenas a primera? ¿Cómo la ves, ah? Tal y como te dije, ¿cierto? Escucho el traqueteo de la madera al desacomodar sus nalgas estrambóticas. También escucho con nitidez dolorosa la advertencia de que el préstamo es al dulce diez, a tres meses, con todos los intereses descontables en el momento de la entrega. Rubrica la advertencia con un eructo ruidoso que patalea su fetidez a uno y otro lado del pantano del cuarto. Enjuga el rostro con el pañuelo que extrae del bolsillo de la pollera floreada y un enjambre de insectos agrios invade la sala. Otra vez me patea un intenso golpe de vómito. ¡Puro teatro, Atencio, puro agite y nada más! Ella es así: pregunta, habla, dice, asusta, se acomoda, se desacomoda, eructa, tose, suda, se seca, se las da y hasta se echa sus peos (solo que no has alcanzado a oírlos ni a olerlos, porque lo hace despacito, para ella sola), y después trae el dinero. La vieja es siempre así y no puedes negar que todo el mundo tiene derecho a tener su así. Sacudo la cabeza intentando en vano espantar la ofuscación y el asco. Restriego las manos diluídas en el pantalón y por fin digo está bien, qué puedo hacer, y me enervan nuevamente los crujidos de la silla al escapar ella del atoramiento. Es cuando la contemplo a mis anchas caminar. Es un paquidermo, pienso, enredado en el tintineo del llavero que musica en su cintura sin forma. Se pierde en la noche del cuarto contiguo. Mientras, mis sienes atamboran. En vez de corazón, tengo una uva seca. El camino que hago allí sentado es más largo que aquel que me trajo hasta la puerta. Me atropella una guazábara de pensamientos contradictorios: por un lado soy consciente de que mi hijo necesita atención médica, pero, por otro, siento rabia por él, y que Dios me perdone, pues por su culpa estoy envuelto en semejantes vergüenzas y humillaciones. Mas, ¿qué hacer? La huelga atrasa los pagos y ya va para tres meses que no olemos ni un centavo y, lo peor, no se llega a nada. El campanilleo del llavero que trina al ritmo de sus pasos de aplanadora, y que sólo acaba el mortificante cascabeleo una vez que libra la espectacular batalla consigo misma para acomodarse en medio de tropeles y bufidos, me arranca de mis cavilaciones. Moja los dedos con saliva, cuenta tres veces los billetes, los coloca frente a mí en el escritorio y dice, queriendo hacer chiste, aquí tienes, Atencio, acabaditos de hornear. El tuteo tiene un dejo de humillación y superioridad que me enmierda el alma y me causa irrefrenables deseos de patearla, de maldecirla y de sollozar. ¡Serénate, Atencio, serénate! En la vida hay que soportar con estoicismo, con berraquera, las más duras circunstancias. Nada ganas desquiciándote y ganas mucho tragándote la rabia. Tampoco pierdes mucho con que te trate familiarmente. Por otra parte, ya tienes la sartén por el mango. ¡Cálmate, hombre, cálmate! Se suena la nariz estrepitosamente y yo, aguantándome, me levanto impotente, recojo el dinero con repugnancia, lo guardo y me quedo ahí, torpe. Sólo se me ocurre preguntar qué firmo. Por toda respuesta ríe en mi propia cara con una risa que empieza por una simple sonrisa hasta alcanzar el paroxismo de la angina convulsiva, y se le encharcan los ojos. Vuelve a enjugarse con el pañuelo fétido y se hace obsequiosa en palabras. Se ve que es la primera vez, Atencio, y eso cuesta mucho coraje, sobre todo a quienes nos miran con desprecio sin valorar el bien que hacemos a los necesitados, pero ya verás como te acostumbras, en la vida todo es asunto de habituarse. Perdona, Atencio, por no haberte prevenido que con la vieja sobran las formalidades oficinescas. La vieja es muy práctica y hace las cosas a su manera. Y si te digo esas cosas es por mi marido que le tenía tanto pavor a la sangre que hasta se le iba el sentido con apenas ver una gota, pero mucho antes, claro, de haber sido enganchado a la brava en la Guerra de Corea, porque cuando le tocó estar metido de lleno en semejante balacera, aprendió que la única manera de conservar su vida era matando enanos amarillos, asegurando, desde entonces, que el secreto de todo estaba en apretar el gatillo por primera vez porque ya después el dedo se iba solito. Se seca el sudor por tercera vez y agrega si estás incómodo porque no tienes nada que firmar, voy a enseñarte las razones. Ladea la cabeza y llama ¡Tiburcio! Me desconcierto. De pronto los ojos se me llenan de astillas de luz cuando la claridad revienta en la sala. En la puerta, al cabo de unos instantes, distingo, aún con las pupilas heridas, la grotesca figura de dos metros, cien kilos de peso, oscura como petróleo crudo, atarugada en ropas insuficientes que mira bovinamente a su ama. Satisfecha del efecto, vuelve a mí con sorna mi querido Atencio, ¿entiendes ahora por qué no debes preocuparte por firmar nada? Yo sé quién eres y dónde encontrarte, de modo que si dentro del plazo convenido no vienes a pagarme por tus propios pies, mi fiel y leal Tiburcio no tendrá ningún inconveniente en ir a cobrarte.

EL ASOMBRO

1

El día que el primer agente viajero llegó a Tamalameque embutido en una escafandra de polvo, sudor y mugre, y resquebrajado de cansancio, la gente pensó que venía del otro mundo; y cuando ofreció al dueño del único almacén de seis puertas, píldoras del doctor Ross,

Hermosina, Anticalculina Ebrey, Kola Granulada J. G. B. , tarrito rojo, purgante Laxol, los últimos logros de la ciencia médica y de la farmacopea, ¡Eh, Ave María!, para embellecer la mujer, desmigajar piedras de riñones y vesícula, fortalecer la sangre, limpiar las tripas de gusanos, tricocéfalos y vermis, toda una berraquera, mejor dicho, nadie se imaginó que este hombre extraño sería el portador, veinte días más tarde, de las semillas del asombro que conmocionó a Tamalameque porque le cuento, mi Don, que ni pa qué, pues este aparato maravilloso agarra al aire voces, palabras y conversas de todas partes, en todos los idiomas habidos y por haber, de modo que decídase mi Don que pa mañana es más que tarde, y usted con ese aparatejo en este pueblo qué Luis XV ni qué Enrique IV, que hasta puede lanzarse pa presidente, oye.

Y Andrés Robles, el dueño del único Almacén de seis puertas en el pueblo, impresionado por el dato que oyó del agente viajero, meditó unos instantes la noticia, la embadurnó con sus sueños y aspiraciones recónditas, y sugestionado por la chanza de la candidatura que le quedó sonando, cuajó en su corazón y en su cabeza el firme propósito de sacarle jugo a la innovación promocionada por el vendedor antes de que alguien se le adelantara.

Y bien entrenado por su oficio en detectar cuando alguien sucumbía a la sugestión de su palabra, el agente viajero atacó sin tregua aquella vez:

—Pues, vea, mi Don, como usted se ve interesado en la cosa, no más me da el dinero, que de regreso le traigo un hermoso Grundig legítimo, de cuatro bandas, que habla en hijuemil lenguas con sólo moverle un botoncito...

Pero Andrés Robles, por aquello de que más sabe el diablo por viejo que por diablo, deteniéndose en el límite de sus ambiciones y protegiéndose de cualquier embaucamiento por parte del vendedor lenguaraz, impuso sus condiciones:

—Mejor lo compra de su bolsillo, me lo trae cuando regrese que acá le doy la plata, factura en mano, y es mejor que haga lo que le digo si no quiere quedarse sin pedido.

2

La noche del estreno, los tamalamequeros por poco tumban las seis puertas del almacén de Andrés Robles, porque un enjambre de curiosos, venidos de los lugares más recónditos, se arremolinó hipnotizado al frente de la casona: de Palmira, el barrio más apartado, llegaron las famosas bailadoras de cumbiamba en la fiesta del Cristo y en Carnaval, de La Boca arrimaron los forzudos atarrayeros y buceadores de galápagas y hasta del Machín se acercaron a ver y a escuchar el mágico aparato que Andrés Robles mostraba y hacía oír esponjado de orgullo como un puercoespín a punto de atacar, echado en su taburete de cuero de vaca, abanicando su obesidad, y disfrutando el espectáculo mientras su cerebro cernía ironías y aspiraciones en grande parranda de coralibes ignorantes impresionados por esta cosiámpira que ni se imaginan lo que voy a cobrarles por el asombro de esta noche.

Cómo sería la cosa, que hasta los miembros del Directorio Liberal en pleno solicitaron al comerciante Andrés Robles les brindara una sesión privada y a puerta cerrada, para darse el lujo y el gustazo de disfrutar semejante logro de la ciencia, ocasión que, en cumplimiento de sus planes a hurtadillas, el mecenas aprovechó para hacer un elogio del progreso y de los hombres progresistas y visionarios con olfato para el futuro, rematando su perorata con que es urgente y necesario, queridos copartidarios, dirigir los pasos del solar, como dice mi hija, la maestra, por los caminos del adelanto y de la civilización.

3

Durante seis meses no se habló de otra cosa en Tamalameque, y Andrés Robles no perdió ni un segundo para hacerle cupo, en la conciencia de la gente, a la necesidad del progreso y a la importancia de los hombres que echan para adelante la carreta de la historia y no para atrás, como los cangrejos, comportamiento orientado hacia propósitos bien definidos, pese al escepticismo inocuo de Natalio Gómez quien no se cansaba de comentar, intentando rebajar la trascendencia de los hechos, que esos son puros cuentos del viejo Andrés Robles que le paga a los hijos de Narcisa Vera, esos muchachos mala clase, puñeteros, pa que se escondan detrás de las cortinas, junto al aparato, y hablen como loros borrachos y uno piense como idiota que esa caja con botones es capaz de hablar, que eso sólo se lo hacen creer a los pendejos y no a un tipo como yo que no cree en pájaros preñaos, sin que el comerciante Andrés Robles parara de decir a boca rajada y pulmón abierto que he traído el progreso a Tamalameque y nuestro municipio ha entrado, gracias a mi visión de porvenir, en la era revolucionaria de las ondas hertzianas y pronto dejaremos, poco a poco, de ser un triste pueblo embotellado entre sabanas habitadas por comejenes y el Caño Colorado repleto de babillas y caimanes, preocupándonos por elegir en las próximas calendas electorales, como dice mi hija, la maestra, a gente de empuje que maneje las riendas del terruño y lo conduzca por las sendas del adelanto y blá-blá-blá-blá.

4

De nada valió el escepticismo de Natalio Gómez, porque Andrés Robles machacó tanto, entre chanza y chanza, con lo de su destino manifiesto para enrumbar a Meque, como decía cariñosamente refiriéndose al pueblito, por las vías de la civilización y de la modernidad, que el Directorio Liberal decidió en pleno escogerlo como candidato único para que fuese el Alcalde, selección efectuada en una noche jubilosa que Andrés Robles no olvidaría, no tanto porque entonces se sintió inundado de gozo al cumplir triunfalmente la primera etapa de sus sueños, como porque muy dentro de sí se removía quisquilloso el propósito de desbancar al presidente del Directroio con la nevera Electrolux, a kerosene, que en veinte días debía traerle el agente viajero aquel que un día llegó al pueblo embutido en una escafandra de polvo, sudor y mugre y resquebrajado de cansancio, y de quien la gente creyó que venía del otro mundo.

LAS TRES HONRAS

Aquí donde usted me ve dizque entera como dicen ya son cincuenta-y-cinco marzos completicos de puro trajín sin rebajarle un solo centavo a mi existencia desde el día en que me desempacaron en este mundo metiéndole el hombro a la vida tanto de casada como de soltera y ahora de viuda que lo soy tres veces retoñada y orgullosa de esos tres amasijos de mi vientre El Peye El Nene y la Muñe ya amarrados de obligaciones de mejor suerte ella con uno de por aquí a quien no le alcanzan las vistas para medir sus tierras ni los números para contar sus vacas Licenciado el primero el tercero Abogado jurista como dicen los entendidos y leales como un amanecer que no me quejo de ninguno aunque sí me emociona por sobre todas las cosas el gesto del mayor que me festeja el día de la madre no con el calendario de los comerciantes sino en la fecha en que fue madre por primera vez esta vieja feliz que no niega conocer el sabor a cuchillos del desánimo de la ingratitud del pesimismo a veces pero que ha ido remando su piragua de sonrisas y alegrías por entre esos charcos de hiel porque es bien cierto que como todo el mundo tengo otra cara y sostengo que las personas somos tan sólo monedas con el don del habla y sentimientos que junto con los ratos más felices toreamos sables mordiscos y espinas especialmente yo que puedo hablarle de eso desde el día en que él me dejó astillada de dolor a la intemperie de este mundo sin que quiera decir que mis muchachos no han estado farolando mi itinerario de vieja barca con todo que siempre he puesto de mi parte porque jamás he tenido raíces de parásita y de que ellos me critican inútilmente mi conducta sin que desista porque quien ha forjado su vida a punta de trabajo siente repugnancia y horror por la flojera que aquí donde usted me ve a qué no le he jalado en esta vida desde la modistería hasta lo que venga y ahora de ecónoma en la Cárcel Municipal en donde han enjaulado a la envidia junto con los delincuentes como llaman y en donde me he tenido que meter de amansadora de zancadillas maledicencias y de odios pero siempre airosa gracias a mi honradez que es mi escudo a mis tres honras a mis tres guerreros privados que vaya donde vaya me hacen pantalla de méritos y me sirven de telaraña contra mis enemigos a mis tres fedayines propios que son *mis manos* limpias como el cristal que han escarbado en montañas de dinero sin que se hayan ensuciado con un centavo ajeno *mi lengua* cuchillo de doble filo es cierto para no dejarme de nadie pero insípida como lágrima de ángel para ofender y que me trague la tierra si eso sucede y por último mi mayor orgullo fundamento de mi grandeza que es éste sí éste por donde después de quince años que tiene de amarrado a la sombra mi marido no ha pasado nadie ni pasará ninguno.

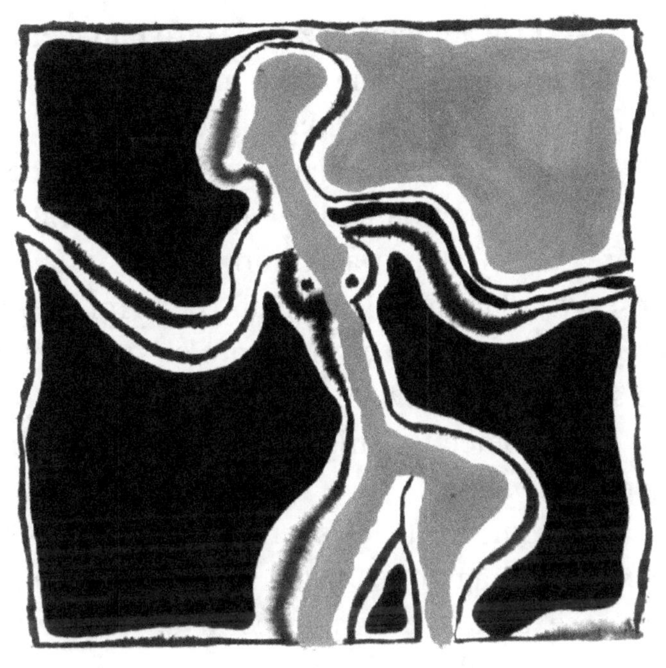

LA RIFA

Al mes de estar en Montería comienza el conflicto con La Pantera, la morocha del pacífico que manda la parada en El Edén y a quien, desde su arribo, le empiezan los celos, las rabias: indirectas vienen, indirectas van, malas caras, retorcijones de ojos y de boca, palabrotas, burlas y sarcasmos hasta cuando la dueña interviene:

—¡O te aquietas o te vas a otro putiadero!, recalcando sin lástima: Ella me está llenando de dinero, tú de problemas, así que escoge.

En dos años de lidiarla a fondo, le conoce su mala sangre y la tarde en que, oculta tras la puerta de su cuarto a la hora de la siesta, la observa colarse en el cuartucho de la forastera, la frena en seco en el momento en que extrae de sus senos la navaja:

—Quietecita, mija, o te relleno de plomo como un pavo.

La durmiente, despertándose azorada y pensándose agredida, patea a La Pantera, anudándose ambas en un tropelín de arañazos, tirones de pelo, bofetones y madrazos hasta cuando son desenredadas por las compañeras advertidas de la riña. Ensombrecida, La Niní la increpa:

—¡Cuando se te enfríe la arrechera hablamos!

(Estoy harta, aburrida. Dondequiera llego, es la misma historia: envidias, celos, peleas. ¡Me hastía! ¡Me fastidia! Y, para colmo, los patronos engordan a costa de mi sudor. ¿Qué culpa ser la preferida? Sé bien que soy de las cosecha aparte. Cuántas veces no me han dicho: "Eres distinta. Haces lo que haces como lo haces y te pagamos con gusto porque tienes algo especial: tu ternura. Las demás son simples alcancías para desaguar urgencias". Cuántos no han llorado en mis brazos. ¡Hasta hubo uno que quiso sacarme a vivir! Sólo que no me decidí por miedo a fracasar otra vez. Ahora La Pantera me la tiene al rojo. La Niní aparenta protegerme y estar de mi lado porque la mueve el interés: prospera con mi vientre y mi trasero).

Por la noche no tiene ánimos de trabajar hasta tarde. Después del tercer hombre, a eso de las diez, cierra la puerta de la pieza a tranca y cerrojo. Va a la cama en pantys y brasier. Enciende el ventilador para apartar mosquitos y espantar el bochorno de la noche que amenaza con despedazarse en lluvia. Mueve el botón del transistor, compañero leal de cada noche, de todos los sitios.

(Debo cambiar, me he dicho una y mil veces. Y nada. Y debo cambiar esta vida desteñida, alquilada. Cuánto no he querido levantar carpa aparte. He imaginado formas de escapar de tantas mortificaciones, pero son como rendijas. Y las rendijas no me bastan. Necesito puertas, o, al menos, una puerta. Me amarga la vagancia y quiero echar raíces en buena tierra. Pero vacilo, no me atrevo. Seguro es miedo al riesgo. Sin embargo, cada día es peor porque las dificultades aumentan. Es cierto que hoy soy deseable, bonita, pero no siempre será así. La juventud se evapora como espuma y la vejez espera escondida en todas las esquinas de las madrugadas. ¡No más huídas! Siempre me complazco diciendo que pude haber sido feliz como muchas mujeres con marido, hogar e hijos. ¡Sí, pude ser feliz! Sólo que se atravesó ese amigo de mi esposo y caí. De eso hace ocho años allá en la vereda. Ahora de nada sirve lamentarme. Escogí un camino lleno de espinas y debo limpiarlo al menos un poco. Debo esforzarme por superar las condiciones presentes y futuras porque la vida que llevo hasta ahora es una cicatriz para la cual no venden borradores en las tiendas. Pienso por qué estoy en Montería y me da risa. La señora Norelia me dijo, entregándome la carta: "Vete a donde La Niní, mi vieja amiga y compañera de ajetreos. Llévale ésto y te recibirá bien. Eres joven, tienes futuro por todos los puntos cardinales del cuerpazo que te gastas. Además, con tu experiencia y buen desempeño en la cama, encoñarás a muchos ganaderos podridos de plata que derramarán la baba por ti. Busca, hija mía, un mejor porvenir en Montería, no sea que las muchachas de aquí te hagan daño. Y véanme otra vez en las mismas. Definitivamente, no más huídas. Debo salir del barrial lo más pronto posible).

La voz machacona del locutor la despabila:

—La lotería de *La Esperanza* anuncia el resultado del sorteo de esta noche: 2010 ¡Lindo número! ¡Seis paquetes de a millón para el mayor! ¡Felicitaciones, ganadores en Colomboy, la tierra que juega!

(¡Seis millones con simples cuatro números! ¡Verdad que la plata está hecha y hay es que inventar la forma de levantarla! ¿Cuántos hombres debo echarme encima y durante cuántas noches para llegar a seis millones, a quinientos pesos cada uno?).

No da. Prefiere reír de la ocurrencia. Su aritmética de quinto de primaria no tiene tantos dígitos. Deja el problema de ese tamaño y más bien enciende otro cigarrillo entretenida en la letra:

... el mundo siendo mundo
no me podrá vencer,
si cabe en cinco letras
tan grande no ha de ser.

que canta Olimpo Cárdenas. Lejos, da volteretas el trueno fofo, rotundo.

(Una y otra vez me he dicho lo mismo: ¿Irme a otra parte? Será igual. ¿Buscar otro burdel en Montería? Todos resultarían idénticos. ¿Buscar dinero prestado para abrirme? ¿Con quién? ¿A cambio de qué? ¿Conquistar muchachas para armar equipo aparte? ¡Ni riesgo! Conmigo nadie estará contenta).

El locutor reitera empalagoso:

—¡Compre lotería de *La Esperanza,* que para todos alcanza! ¡Juegue los martes como Lázaro y rásquese la barriga al día siguiente como Onassis! ¡La Esperanza, segunda en jugar, primera en pagar!

Entrecierra los ojos seducida por el paraíso de plumas que ofrece el anunciador y entonces titila en su corazón el chispazo intuitivo, una tenue lucecita. Y mientras Tito Rodríguez dice:

a mi me pasa
lo mismo que a usted...

ella amarra y desamarra ideas y se va haciendo claridad, paso a paso, en su cerebro confuso, en su alma infestada de sombras. Divaga, sospecha la solución estimulada por el anuncio de la radio. Sin embargo, se siente incómoda, agobiada porque no puede definir con precisión los contornos de su salvación. El locutor estruja una vez más:

—¡En Colombia hay seis loterías semanales, pero con *La Esperanza* ninguna tiene semejanza! ¡Con *La Esperanza* brinque de la miseria a la bonanza!

Sumergida en el sopor del cuarto, hila en el inconsciente cabos sueltos, amasa grumos, zurce, teje, entreteje y, de súbito, cuando Charlie Figueroa remolonea:

salta de la cama con los puños apretados, que dispara al aire en gesto triunfal y grita:

—¡La agarré! ¡La agarré!

Agotada por la euforia, vuelve a la cama, da gracias al transistor y besos al locutor, en el instante en que la lluvia empieza a caer apagando las brasas de la noche. Se duerme con rastro de llanto en las mejillas y una sonrisa cuajada en los labios.

En adelante se independiza con decoro: Visita clientes cautivos que anota en una lista diaria de veinte números, según cada lotería, a mil pesos la última cifra, y sólo juega con la lista llena.

INSOMNIO

¡Los matones! Mientras su mujer duerme plácidamente, el señor Garrido, con el corazón cuarteado de amargos presentimientos, da vueltas en el catre: "Los ganaderos quieren las Sabanas del municipio y Tamalameque se quedará sin espacio para crecer. ¡Llegaron! Ojales tiene su vigilia y por allí se cuela el ruido sospechoso que roe las sombras: Empiezan a

presionarnos aculillándonos a media noche".
¡Los matones! Escruta a fondo el tuntuneo y
no duda que tratan de violentar la puerta. ¡Llegaron! Tantea la rula debajo del camastro y, al
palparla, sonríe confiado: "Pero se joderán con
la tranca de peralejo, y si eso no los aguanta,
aquí tienen la ñapa". Abandona el catre con
cautela y cuando ya va, los ruidos sorpresivos
lo sobresaltan. ¡Los matones! Es ella con pesadillas y la palmotea para sosegarla. Con todo,
lo muerde la frustración porque sospecha que
quien sea ha huído espantado por los alaridos.
Mas... espera. Allá vuelve, terco, otra vez el
golpeteo. ¡Llegaron! Bien pegado a la pared
se escurre hasta la sala y entrevé la mano en la
oscuridad: "Han logrado entreabrir las hojas,
pero se quedarán metidos así nos maten". ¡Los
matones! Con extremo sigilo y la cabeza tur-
bia se agacha, apunta y ¡chas! No bien tira el
machetazo, lo zarandea el vértigo de la
conturbación: "Es la primera vez en sesenta
años que hago daño a alguien, así sea a un
enemigo". "¡Maldita sea!" Sudoroso, resbala
al piso de tierra con el estómago revuelto y la
respiración pesada, corta. Ahí demora desgon-

zado y cuando intenta levantarse, es de plomo ¡Los matones! La cabeza zumba, el alma patalea en lodazal de remordimientos, gira y gira en remolino de tribulaciones: duele el pecho, punzan las sienas, adentro gritan, escupen, martillan, clavan, culpan. "¡Agua!" "¡Agua!"

Dos veces el jarro se ahoga y se ahíta en la tinaja y el agua fresca, aromada a barro cocido, lo apacigua. ¡Los matones! Depone el arma al pie del tinajero. A tientas va al mesón de trabajo y esculca afanoso en la gaveta surtida de aretes, anillos y cadenas, en procura de fósforos. Trastabillando regresa y rastrilla una, dos, tres veces y ¡al fin! ¡Los matones! El corazón da un traspiés, los ojos casi ruedan de las órbitas, tiembla, gime.

"¡Nada!" "¡Nada!" "¡Nada, maldita sea!" "¡Nada!" "¡Me vuelvo loco"! Se revuelca en fangal de contradicciones: "Siquiera no fue nada, pero ha debido ser, no qué digo, pero ¿y si huyó con la mano a medio trochar?" Vienen náuseas y lleva la mano a la boca cuando la saliva se desfleca en mil hilillos de gástrica desolación. Suda ríos y bamboleante regresa al cuarto.

¡Llegaron! La tela encharcada de los calzoncillos de trencita roza desagradablemente el cuerpo. A orillas del camastro reposa el naufragio. Se aletarga con la cabeza entre las manos y de pronto los alaridos vuelven a sobresaltarlo. ¡Los matones! Ella insiste con las pesadillas. Como un robot alarga la mano y la palmotea, y el gesto sirve, al tiempo, para desgrilletar su alma de la ofuscación. ¡Los matones! Se tiende bocarriba e inopinadamente lo rodean los matones a órdenes de los ganaderos. Lo acorralan, atrapan y torturan: cortan sus calcañales y lo obligan a caminar sobre sal y chaflanes de vidrio. El resto de la noche sus ojos son dos meteoros de un lado a otro del cuarto repleto de silbidos, ronquidos y fantasmas. Dolorosas transcurren en vilo las horas y al fin la mañana florece arreboles, viento fresco y olor a níspero. Ya claro, sale al patio con el sedimento salobre de la vigilia en el alma y en el cuerpo dolorido. Desnudo se baña al pie del tanque lleno de agua lluvia invadida de guzarapos. Usa tanta agua como si pretendiera despegarse el terror gelatinoso del insomnio. ¡Los matones! Hace tinto y atrinchera en las tripas una totumada para amansar el vértigo. Extasiado ante el fuego, exclama de súbito: "¡Maldita sea y ¿quién sería? "Deben estar levantados ensayando torturas para quienes nos oponemos a la venta de las Sabanas que pretende el alcalde, a quien los ganaderos han sonsacado con prebendas. Después se dejarán ver por el pueblo con las ropas veteadas de sudor y hediondos a corral". ¡Los matones! De pronto, en medio del gorjeo jubiloso de los pájaros, se siente inmensamente solo. Entonces acuden a su mente los amigos y experimenta una tranquilidad laxa, como si se librara de un padecimienbto sin edad: "En la plaza de mercado encontraré con quien quitarme de encima este martirio que me raja el alma. Dispuesto a salir, destranca la puerta, sale, mira y frena en seco: la calle está empedrada de cagajones. Jamás Tamalameque ha estado así. Hay burros por todas partes. Nunca antes ha visto tantos. Mastican, displicentes y, a pocos pasos, uno con la oreja hendida y el colgajo hamaqueándose al viento.

LA QUEMA

Embarcan el cargamento en el yate anclado en el puro filo de las aguas territoriales, y regresan entre las brumas calientes del desierto, empegostados de un amasijo de sudor y polvo de la trocha, entre el escándalo de las Rangers con televisión y aire acondicionado. Llegan a casa de Araque, y ya en el patio agujerean el aire con las Eme Uno, nueve milímetros. Gritan
:

—¡Coronamos! ¡Coronamos!

Una vez bajo los árboles de mango e higuito, Araque manda a "Charrasqueado", chofer y ayudante, por la caja de Chivas y, a su regreso, abre la primera botella, sirve medios vasos para el brindis, rugen de contento y el wisky clava las uñas en las gargantas áridas, ardorosas. De nuevo Araque ordena a "Charrasqueado ", chofer y ayudante :

—¡Ve por el chivo y el conjunto!

"Charrasqueado" bebe otro trago (el del arranque, dice riendo), sale jugando con el llavero y acomodando la cuarenticinco en la pretina. En la puerta, la mujer de Araque atiende visita toreando mosquitos urticantes.

—Esta noche no la perdonan, dice Teresa, la mujer de Araque.

—Pues, mija, mejor es que estén en la casa y no buscando el peligro por ahí, responde la vecina, la vieja Damiana, apartando la calilla que humea en su boca con la brasa para adentro.

Las carcajadas del patio invaden la conversación de las mujeres y la vieja Damiana comenta:

—La risa de Dionisio parece ladrido de perro. Y ríen.

Dionisio ofrece Marlboro y Araque repite wisky, haciendo relumbrar los anillos de 18 kilates en sus dedos regordetes. Prepotentes, los hombres parlotean:

—Ni se imaginan los gringos lo que mezclamos a la "rubia".

—Y pasará tiempo mientras lo descubren.

Las risotadas invaden el patio, y después el ruido en la puerta los distrae. Es "Charrasqueado" con el animal y el conjunto.

—¡Buenas noches, doña Teresa! ¡Buenas, Damiana!

—¡Buenas muchachos!

—¡Buenas!

Levantándose y haciendo señas, Araque grita:

—¡Arrimen, muchachones!

—¡Ahora sí se compuso esta vaina!, exclama Dionisio, guardaespaldas de Araque, cuando aparece "Charrasqueado" por el zaguán con el chivo que amarra al pie del mango.

—¡Ábrete, "Charrasqueado"!, ordena Araque, una vez que ha terminado con los nudos. ¡Ya!, grita, por último.

Seis fogonazos chamuscan la noche, el animal da un berrido, como un grito, y por los agujeros se le escapa la vida. El montón aulla y "Charrasqueado" cuelga el chivo de la rama del mango para pelarlo. A los del conjunto, quienes contemplan la escena desde sus taburetes, Araque brinda wisky, y, después del golpe de Chivas, Peyo Zabaleta, el del acordeón y la voz, abre los fuelles. Las notas alegres bailotean en el aire y los hombres atruenan aplausos y vivas.

—¡Peyo, advierte Araque entre tanda y tanda, el que me da saludes de parte de Moncho Brito, "el gavilán de Atánquez"! Y Peyo Zabaleta hace algo mejor: empieza por ahí, y el zarembeque es indecible. Estremecido de felicidad, Araque sigue el ritmo con las palmas. La noche ronda entre los árboles y los grillos rompen las sombras con el alfiler de sus chirridos.

En el patio juguetean los bajos y los pitos del acordeón, y la voz del juglar vibra potente.

Cuando termina "el paseo" que compuso "el gavilán de Atánquez", que quiso oír Araque entre tanda y tanda, y que Peyo Zabaleta echó de primero para darle en la vena del gusto, hay un intervalo de wisky y de Marlboros. En el momento en que el cantante y acordeonero acomete el segundo, "Yo soy guajiro", de Julio Oñate, llega el yip con el teniente Jaramillo y los cuatro agentes armados de carabinas. Desde el fondo, Araque invita:

—¡Métanse uno, muchachones!

El teniente saluda amablemente a las mujeres, pide permiso y entra con los policías.

—El teniente Jaramillo vino a pescar, comenta a medio tono la mujer de Araque.

—¡Pobre tipo, con esos sueldos!, exclama la vieja Damiana.

Llega la patrulla al grupo y el teniente Jaramillo pregunta chanceándose:

—¡Y mis príncipes ¿qué festejan?

—Viernes cultural, teniente, responde Araque.

—¿Viernes cultural?... ¡Vean! Y hace pistola con los dedos. Los parranderos revientan en risotadas mientras Araque obsequia a los policías cinco botellas. Después de tomarse el trago que les brinda Araque, charlan insustancialidades por un momento y, al marchar, los acompaña hasta la puerta. Los agentes abordan el vehículo y, con mucha cautela, el teniente Jaramillo guarda los trescientos dólares que deja en su mano, hechos una bolita. Araque regresa al parrandón y apenas empina el trago de wisky, Moscote, su socio, abre la boca:

—Bueno, muchachones... ¿y ustedes si creen que el "primo" Araque tiene más billete que yo?

La pregunta, inesperada y desconcertante, levanta chispas como piedra en un brasero y los hombres reaccionan jocosos, dividiéndose. La mayoría dice que no, el resto que sí. Entre tanto, Moscote disfruta el rifirrafe y la cadena de eslabones gruesos bailotea en su cuello al ritmo de su risa. Araque golpea su vientre adiposo y escandaliza desacuñándose la camisa:

—¡Hombre, "primo" Moscote, el día que usted tenga más billete que yo, se hunde La Guajira en el océano, oyó.

Los compinches ríen convulsivos y luego

discuten pero sin conflicto, en el ámbito de la festividad, del zipizape. En medio del barullo, Araque arremete de nuevo:

—¡Le voy a demostrar "primo" Moscote, que usted es un pordiosero comparado conmigo!

Moscote sonríe y la manada retiembla de euforia. Araque ordena a "Charrasqueado", chofer y ayudante:

—¡Tráeme un saco!

"Charrasqueado" regresa cargando el costal con dificultad y, a una señal de Araque, lo planta en medio del grupo, en el centro mismo de la expectativa y del desconcierto. Ya el alcohol hace maromas en las cabezas, y el conjunto alarga la pausa provocada por las circunstancias. Araque increpa:

—¡"Primo" Moscote, si usted tiene más billete que yo, traiga un saco de los suyos de cinco millones y le apuesto cinco más a que no es capaz de ésto...! Araque riega wisky sobre el saco de fique, extrae, ya vacilante el pulso y nebulosa la vista, el briqué de oro, y acerca la llama. Los espectadores enmudecen cuando la candela empieza a devorar el fique y el dinero, y después, al enervarse la hoguera, ululan, gesticulan, vibran. Los músicos, a una orden de Araque, empiezan a tocar frenéticos, sacudidos por júbilo sorpresivo, mientras el resplandor amarillo ilumina el rostro extasiado y lúbrico de Araque, que baila en torno del incendio cantando a voz en cuello, "yo soy guajiro, soy descendiente de gente noble y raza bravía, yo soy guajiro que alza la frente cuando otro macho lo desafía..."

DEGÜELLO Y DESOVE

"Apenas el espanto se esfumó tragado por el horizonte, la Abuela, agitando el puño, así fue como te vimos, ariete de nervios y tendones, y con el corazón ardiendo en patriotismo, gritó, así fue como te oímos, ¡Maldito de los demonios, un día de estos te irás pero no por cuenta tuya, sino por la nuestra!"

No bien la Abuela se percató del desgano de su loro glotón que dejó intactas las tres minutas del día pan-mojado-en-leche leche-mojada-en-pan y en pan-mojada-la-leche exclamó como si no se perteneciera tiempo de garra y de colmillo vendrán para ti Fenicia y antes de que llegue el día El dirá su palabra y la cumplirá.

"La culillera empezó por lo que no era: inocente moscardón revoloteando y zumbando sobre la sierra. Después se hizo lo que fue: terror pringoteado de sarampión caoba con alas de vampiro verdeolivo".

Y cuando los Abuelos escucharon a la Abuela proferir el vaticino de nuestro porvenir de tragedias dijeron escrito está desde las mañanas inmemoriales del tuyo y del mío desde cuando es mundo el mundo porque nuestras vidas sólo dan vueltas trompos no dueños de sus pitas que los pitan pues hoy es ayer y antier y ayer son hoy y pasado mañana son hoy ayer y antier amarrados por la cintura y así y así hasta la hora en que se astille este mundo condenado.

"El entelerido trasmontó la sierra y, flotando a unos metros de la placita de nuestro caserío Fenicia, nos intimidó con su vozarrona: Epoca es de segar la cizaña que entre vosotros ha sembrado el enemigo ¡Vuestro Gran Señor, que todo lo sabe y adivina, y que, si ni lo uno ni lo otro, tiene soplones por todas partes, ha ordenado!: Tomad la cizaña y atadla en haces para quemarla porque estoy maquinando contra esa estirpe de rebeldes un mal del que no podrán librar sus cuellos y no andarán ya erguidos porque es tiempo de la desventura".

Sacudida en su sensibilidad por la inusitada conducta de su loro la Abuela se sumergió por la nochecita en la mazamorra de un sopor convulsivo y desamarró de su boca nuestro cacerío Fenicia pronto será un infierno por culpa de quienes codician casas y se apoderan de ellas y hacen violencia a los legítimos dueños al hombre y a su heredad.

"La pesadilla apreció cuando menos sospechábamos. Violó la paz de nuestro caserío Fenicia, envuelto en un remolino de arenisca. Y, colgando del aire, humilló nuestra dignidad con anuncios de muerte:

"¡Contra ti, Fenicia, mandaré la peste y la espada los rodeará por doquier!"

Y dicho ésto, se escabulló por la tronera sin bordes y sin orillas por donde vino, batiendo sus alas embadurnadas de moho cual si se hubiera revolcado en las aguas muertas de un volcán milenario".

Fue a raíz de la predicción de la Abuela la tarde en que iba a confinar su loro de buche lúbrico en la celda de cartón donde lo horneaba con dos huequitos apenas para cortos resuellos tapado con el pedazo de lata más el ladrillo encima para que no acabara de pasto de los gatos que fuimos festín del esparajismo que llegó por el aire con sus trazas de pajarraco del otro mundo.

"De la placita de nuestro caserío Fenicia, fuimos a reunirnos en casa de Humilio Machuca, y él dijo: "¡Compañeros, nos quieren arrebatar las tierras en las que hemos nacido, muerto y resucitado por los años, los meses y los días que nos han tocado en suerte por pobres cuyas vidas están erizadas de colmillos, pero cuyas miserias acabarán muy pronto luchando unidos para conservar lo nuestro. No hay que desesperar así nos aguarde la muerte o la tortura, porque si morimos peleando por nuestros derechos pisoteados, otros seguirán más tarde, pues las semillas buenas retoñan y la muerte es otra forma de vida cuando se muere defendiendo lo de uno y lo de los demás que sufren injusticias como nosotros!"

En el desorden gástrico de su loro la abuela leyó nuestro amanecer de balas y torturas en el instante en que encontró en la lata de sardinas abrevadero del animal las tres comidas invadidas del contingente de moscas que al acercarse ella se espantaron en un borbollón pegándosele desde entonces para siempre el hábito de presentir nuestra felicidad o nuestra desventura en el comportamiento de sus gallinas de los pájaros cotidianos que revoloteaban en el patio y hasta en el olor de la brisa que soplaba de la sierra y del camino culebra amarilla que pasaba reptando por el caserío y anidaba tras los montes.

"El esperpento vino al día siguiente cuando acechábamos el peligro por cualquier resquicio de nuestras vidas. Dio vueltas sobre el caserío hiriendo nuestros oídos con sus gritos y traqueteos. Hizo llorar a los niños, sacudió, como monicongos, el corazón de los ancianos, arrinconó a las mujeres y ancianas en el coro de un rezo inválido para conjurar nuestro destino ineludible, escrito, según los abuelos, desde los tiempos inmemoriales del tuyo y del mío. Desde cuando es mundo el mundo porque nuestras vidas sólo dan vueltas, giran, trompos no dueños de sus pitas, que los pitan, pues hoy es ayer, y antier, ayer, mañana y pasado mañana son hoy amarrados por la cintura y así y así hasta la hora en que se desportille este mundo condenado".

La noche del desvarío la Abuela sin que el ron alcanforado que untaba mi madre en su frente diera resultado disparataba los poderosos han ido a quejarse ante el Gran Señor acusándonos de ladrones e invasores y el Gran Señor llamó a sus Vengadores y lleno de ira ordenó acercaos los que habéis de castigar la vereda y llegaron y cada uno traía su instrumento de destrucción y el Gran Señor rabió pasad por Fenicia y herid y no perdone vuestro ojo y no tengáis compasión viejos mancebos doncellas niños y mujeres matad hasta exterminarlos.

"Los soldados llegaron, torturaron y mataron. Humilio apareció, con dos agujeros en la espalda, flotando en las aguas del río, y encarcelaron a la Abuela. Cuando pasó la tragantona, el espanto regresó a nuestro caserío Fenicia a reabrirnos las heridas. Fue al tercer día. Y allí, sobre la placita, agarrado del aire, a escasos metros del suelo, dijo cínicamente: "¡Pax vobis! ¡La paz sea con vosotros!, os manda a decir vuestro Gran Señor, justo, poderoso y magnánimo, que descubrió a tiempo la cizaña que el maligno había sembrado astutamente entre vosotros, y quien tiene reservada a la maleza, crezca donde crezca, castigo ejemplar para escarmiento. Y sabed, de una vez por todas, que cuando el Hijo del Hombre venga

de su gloria, y todos los ángeles con él,
reunirá en su presencia a todas las gentes y separará las ovejas de los cabritos
y pondrá a las ovejas a su derecha y a
los cabritos a la izquierda. Y entonces
dirá el rey a los que están a su derecha:
"Venid, benditos de mi Padre, tomad
posesión del mundo". Y dirá a los de la
izquierda: "Apartaos de mí, malditos,
id al fuego eterno preparado para el
diablo y para sus ángeles. Y, en verdad
os digo que vosotros iréis al suplicio
eterno".

Y apenas el espanto se esfumó tragado
por el horizonte, la Abuela, agitando el puño,
así como te vimos, ariete de nervios y tendones, y con el corazón ardiendo de patriotismo,
gritó, así fue como te oimos: "¡Maldito de los
demonios, un día de éstos te irás pero no por
cuenta tuya sino por la nuestra!".

Y, estremecidos por su ejemplo, fuimos a
reunirnos en casa de Terrinia Guzmán.

EL TÍO FLORENCIO

A Florencio Aguilar,
tamalamequero y pescador
de pura cepa.

Que a veces el recuerdo se nos viene encima con todos los hierros cachos cabeza pezuña resoplidos y entonces uno incapaz de sacarle el quite lo más que puede es dejarse atropellar y hacer memoria hacer memoria...

...Llega el verano con polainas espuelas refulgentes látigo de fuego cuadra su tienda de campaña entre los matarratones los almendros y los palos de mango en la placita al frente de la iglesia de paredes anchas techo de zinc refugio de murciélagos el calor nos achicharra después de la tregua del frescor de navidad y año nuevo se flojea todavía la recompensa de los diez meses de siempre la misma cantaleta de golpes en la escuela de pleitos y enredos con los números ahora por ahí en los rincones arrumados se apesta el alma de fastidio pide a gritos nuevas emociones con la venia de los viejos allá a Tamalameque donde los familiares de mi madre a orillas del Caño Colorado las tías Felipa Modestina los tíos Jacob y el tío Florencio que es un luchador a brazo hendido toreador de angustias cotidianas rompedor de turbiones en el río descuartizador de montes atarrayero chinchorrero de primera trabajador muñecaeburro para lo que sea donde sea como sea con quien sea ahora de ranchería bajo las ceibas y los mangos en medio del soplido de la brisa el asedio de anofeles y entre el canto de los pájaros el primo Oswaldo y yo playón adentro vamos en su busca más allá del puente que baila sobre el Caño antes del camino que hacemos a retazos el sol nos emparama el agobio resquebraja lo encontramos nos recibe cual si nada pero apenas es por fuera pues adentro cascabel nos ayuda a acomodarnos nos brinda las hamacas para amansar el aporreo enseguida guarapillo de panela con limón nos presenta sus amigos de cuadrilla intentamos en forma conversar no hay manera es hora de sacar a tierra el chinchorro bien nutrido quince hombres a lo sumo de los de pelo en pecho y remolino atrás se le miden se le pegan upa va que va sudan ríos las venas se les inflan la cabuya quema las espaldas en el campamento truena la algazara y es un manicomio y si se observa al tío Florencio parece que el hombre es una piedra y hay engaño lo que pasa es que sólo le cae la alegría en el brillo de los ojos en la expresión de la mirada qué tropel de bocachicos y de bagres qué festín la faena es para largo y los hombres encima de sus pies y detrás de sus manos hacendosas hormiguean que es un gusto hasta la hora del almuerzo qué digo de la orgía que rubrican con café estampida de eructos y ronquidos debajo de los mangos al cabeceo de las hamacas muere la tarde sin apuros y arrima la noche al caserío y con sus dedos de majagua abre las puertas de las bocas-jaulas encantadas donde los fabuladores incluyendo al tío Florencio mantienen prisioneros sus fantasmas que tanto al primo como a mí nos asedian por doquiera nos desvelan a la hora de dormir con el corazón que viene y se descose repleto de alaridos y quejidos de pasos sigilosos de tanto demonio suelto de madrina en la manigua con los ojos en vilo nos agarra la mañana tiempo de partida todavía estamos biches para esos ajetreos racamandaca de los hombres contemplo al tío Florencio muy triste la mirada un nudo se atraganta en mi garganta se le empañan las rendijas de los ojos siempre enconchados contra las uñas del humo del tabaco con todo el peso de su tierna pesadumbre va y me dice te felicito por haber ganado el año tienes que ganar este otro que ya empieza y va volando como pájaro sin freno con tanta correntina acabará antes de diciembre medio ríe de la ocurrencia y yo me río y todos nos reimos a tu mamá a Roquelina estos bagrecitos y saludos y aguanta con ternura entre sus manos de arrecife mi mano y la del primo y después nos devolvemos por el mismo camino del playón entre charcos de sombra de vez en cuando la mayoría de la rutina con el sol que nos cuartea y descalabra y el tío Florencio se me hincha en el pecho como pan de levadura el pobre tío Florencio a pie firme siempre en la batalla que una vez se enfermó de llagas en las manos infección de tanta po-dredumbre los ríos son ahora una pocilga y dijo Fina su mujer que había que verlo león metido en una jaula acosado de nostalgias de atarraya de chinchorro de peces de aguas tur-bulentas de la brisa en la arboleda de música de pájaros y del asedio del mosquito que lo sorprendió más de una vez soltarse en lloros a escondidas porque el tío mi tío Florencio ahí donde lo ven como tallado en bruto a flor de piel que parece que nada pudiera conmoverlo es por dentro tierno y blanditico como un coco.

LOS PECES DE OCTUBRE

El viejo pescador Crispín Antolínez recordaría, en ocasionales destellos de lucidez, la noche de aquel doce de octubre de 1974 cuando hacía lances a la luz de la luna en el río Sinú, entreviendo, atorados en los curricanes de su atarraya, los monstruosos contornos del horror, aflojándosele los cojones, dándole patulequera y desconyutándose en el fondo de la canoa.

Según la gente, el asombro embrionó en enero. Más exactamente, enfatizan, a raíz del Festival del Río a orillas del Sinú, para entonces hilito de agua que se va y se y se va mansito, caminito de caimito. La fiesta empezó con calor. La Junta de Festejos empegostó toneladas de afiches y avisos en calles y paredes. Las emisoras no paraban día y noche hasta con proverbios mientras el martillo va y viene, descansa la cabeza del clavo, y déle clavo al himno de Córdoba, el porro María Varilla. De todas las rendijas del Departamento se descolgó curioso: de San Pelayo, vinieron los músicos pelayeros con Pedro Laza a la cabeza; vinieron de Manguelito y vino la Banda de la Boquilla porque de Bandas había concurso, lo mismo de bailadoras, que vinieron las más famosas.

Para más señas, estipulan que fue en verano, cuando el sol le sorbe la sangre al río y destapa sus secretos de arena, arremolinándose un tierrero del carajo al frente del poblado: Playas como brasas que enciende el sol, que enfría la noche con su boca de hielo y que la gente hace cama para aliviar apurones de la entrepierna, sobre todo en temporada de fiesta como la del Festival a orillas del río Sinú, para entonces hilito de agua que se va y se va y se va mansito, caminito de caimito.

Puntualizan, además, que la vida del asombro entró en fase fetal no bien murió el Festival, que no fue propiamente del porro, porque se oyó más salsa y vallenato que otra vaina en el picot El Batán y, en el otro, en El Uatergueit, que con sus traquidos taponaron la boca al folklore de la Sabana, aunque se vendieron, eso sí, bangañadas de sancocho de carne y de gallina, catabrados de pasteles, galonados de mondongo preparado por nadie mejor en el mundo que por los maricas de Montería, porque fumaron bultos de marimba y bebieron más que nunca, con todo y que los de izquierda hicieron contrapropaganda *Bavaria, famosa desde 1989 embruteciendo al pueblo*, lo cual no fue óbice para que las cervecerías del Atlántico y Cundinamarca y las licoreras de Antioquia y Bolívar alzaran hasta las nubes las jabalinas estadísticas de las ganancias.

Dos meses después se desangró el invierno. Para marzo cayeron los primeros granos de lluvia, el Sinú empezó a embucharse, tapó la calvicie de arena que tuvo en enero y febrero, lavó huellas de mujeres yacentes en las madrugadas eróticas en el Festival, y fecundó manchones de semen malversado en las madrugadas premurosas de la fiesta. Y, en tanto arribó octubre, mes de la eclosión del asombro, Montería continuó siendo la misma de todos los días: Cagadas de golondrinas junto a los Almacenes Ley, pelea de estudiantes, trabajadores y maestros contra el gobierno por el abandono de la universidad pública y el Decreto 080, contra la persecución sindical, el atropello a los campesinos y el alto costo de la vida;culebreo de aguas negras por los bordes de las calles, buses a tres pesos, mientras que en el resto de Colombia los pasajes costaban uno con cincuenta;reventazón de alcantarillas, guitarreo de sapos por las noches en las charcas aledañas, tendales de huevo de iguana en el mercado, cajonados de "bollo dulce" y "limpio” en las esquinas, y la eterna lepra de la basura devorando las calles, hasta agosto cuando cuajó el Paro Cívico.

Para octubre, confirman con ahínco, nueve meses después, exactamente el doce, el río Sinú parió el asombro que hizo de Montería y de Colombia los lugares más afamados del mundo, curiosidad de millares de turistas que, a falta de alojamiento, fueron acomodados en casas de familia, colegios, capillas, iglesias, parque y tiendas de campaña en las afueras de la ciudad. Incluso, la tropilla de científicos que la invadió debió convivir en ejemplar armonía bajo las carpas del circo Atayde, recién llegado a la ciudad y que estuvo a punto de ruina si no es porque los dueños aceptaron arrendarlas a buen precio por el tiempo que sus moradores lo tuvieran a bien.

Todo aquel loco carnaval de sucesos asomaba también en la cabeza del viejo Crispín Antolínez, en momentos de lucidez, aliados con el percance de la noche en que hacía lances a la luz de la luna en el río Sinú, cuando sintió la atarraya extrañamente densa y tuvo que pujar mucho para subirla a la canoa, entreviendo, horrorizado, cuando intentó rescatar los bocachicos atascados en los hilos de la red, las criaturas híbridas de su desvarío con cabeza humana y cola de pescado, aflojándosele los cojones, dándole patulequera y descoyuntándose sin sentido en el fondo de la canoa, en el instante en que las oyó gemir desconsoladas:

—¡Papá! ¡Mamá!

—¡Mamá! ¡Papá!

ÁLVARO
MORALES AGUILAR

Alvaro Morales es un exponente importante de la literatura que está haciéndose en Colombia, pegada a la vida y a la tierra, pero a la vez con un poderoso vuelo de imaginación. En sus relatos, Morales muestra una tierra llena de historias, rebosante de ese mundo de ficción que hace tan atractiva y tan importante la búsqueda de personajes y de situaciones en un mundo cuyo descubridor indudable fue Gabriel García Márquez.

Este libro está escrito en un estilo a veces poético, otras áspero, empapado en la vida de

la tierra, relampagueante de imágenes en oca-
siones rudas, con una desnudez estremecedora,
con personajes de avería, con gentes humildes,
con mujeres solitarias y tristes, con pescadores
taciturnos.

Pedro Gómez Valderrama,
Bogotá, 1983.

CONTENIDO

9 789582 003142